MONOS

AMY CULLIFORD
Traducción de Pablo de la Vega

Un libro de Las Raíces de Crabtree

CRABTREE
Publishing Company
www.crabtreebooks.com

Apoyos de la escuela a los hogares para cuidadores y maestros

Este libro ayuda a los niños en su desarrollo al permitirles practicar la lectura. Abajo están algunas preguntas guía para ayudar al lector a fortalecer sus habilidades de comprensión. En rojo hay algunas opciones de respuesta.

Antes de leer:

• ¿De qué pienso que trata este libro?
  • *Pienso que este libro es sobre los monos.*
  • *Pienso que este libro es sobre lo que les gusta hacer a los monos.*
• ¿Qué quiero aprender sobre este tema?
  • *Quiero aprender qué comen los monos.*
  • *Quiero aprender cómo se ven los distintos monos.*

Durante la lectura:

• Me pregunto por qué...
  • *Me pregunto por qué a los monos les gusta sentarse en árboles.*
  • *Me pregunto por qué a los monos les gusta jugar.*
• ¿Qué he aprendido hasta ahora?
  • *Aprendí que a los monos les gusta brincar.*
  • *Aprendí que los monos comen frutas.*

Después de leer:

• ¿Qué detalles aprendí de este tema?
  • *Aprendí que los monos pueden ser de muy distintos tamaños.*
  • *Aprendí que algunos monos se sientan en las ramas de los árboles.*
• Lee el libro una vez más y busca las palabras del vocabulario.
  • *Veo la palabra **mono** en la página 3 y la palabra **árboles** en la página 6. Las demás palabras del vocabulario están en la página 14.*

Este es un **mono**.

Los monos pueden ser grandes o pequeños.

Algunos monos se sientan en las ramas de los **árboles**.

Algunos monos brincan.

¡Algunos monos juegan!

Todos los monos comen **frutas**.

Lista de palabras

Palabras de uso común

algunos	este	se
brincan	juegan	ser
de	las	un
en	los	
es	o	

Palabras para conocer

árboles **frutas** **mono**

32 palabras

Este es un **mono**.

Los monos pueden ser grandes o pequeños.

Algunos monos se sientan en las ramas de los **árboles**.

Algunos monos brincan.

¡Algunos monos juegan!

Todos los monos comen **frutas**.

Written by: Amy Culliford

Designed by: Rhea Wallace

Series Development : James Earley

Proofreader: Janine Deschenes

Educational Consultant:
Marie Lemke M.Ed.

Translation to Spanish:
Pablo de la Vega

Spanish-language layout and
proofread: Base Tres

Print and production coordinator:
Katherine Berti

Photographs:
Shutterstock: wanphen: cover; tratong: p. 1;
Anut21ngPhoto: p. 3, 14; Anna Hoychuk: p. 5; Henner
Damke: p. 5b; Roxane134: p. 7; Sergey Uryandnikov:
p. 8-9; Nazzus: p. 11; Dailynockout: p. 12

Library and Archives Canada Cataloguing in Publication

Title: Monos / Amy Culliford ; traducción de Pablo de la Vega.

Other titles: Monkeys. Spanish

Names: Culliford, Amy, 1992- author. | Vega, Pablo de la, translator.

Description: Series statement: Animales amistosos del zoológico
| Translation of: Monkeys. | "Un libro de las raíces de
Crabtree". | Text in Spanish.

Identifiers: Canadiana (print) 20210231297 |
Canadiana (ebook) 20210231300 |
ISBN 9781039617322 (hardcover) |
ISBN 9781039617384 (softcover) |
ISBN 9781039617445 (HTML) |
ISBN 9781039617506 (EPUB) |
ISBN 9781039617568 (read-along ebook)

Subjects: LCSH: Monkeys—Juvenile literature.

Classification: LCC QL737.P9 C8518 2022 | DDC j599.8—dc23

Library of Congress Cataloging-in-Publication Data

Names: Culliford, Amy, 1992- author.

Title: Monos / Amy Culliford ; traducción de Pablo de la Vega.

Other titles: Monkeys. Spanish

Description: New York : Crabtree Publishing, [2022] | Series:
Animales amistosos del zoológico - un libro de las raíces
de Crabtree | Includes index.

Identifiers: LCCN 2021024053 (print) |
LCCN 2021024054 (ebook) |
ISBN 9781039617322 (hardcover) |
ISBN 9781039617384 (paperback) |
ISBN 9781039617445 (ebook) |
ISBN 9781039617506 (epub) |
ISBN 9781039617568

Subjects: LCSH: Monkeys--Juvenile literature. | Zoo animals--
Juvenile literature.

Classification: LCC SF408.6.P74 C8518 2022 (print) |
LCC SF408.6.P74 (ebook) | DDC 599.8--dc23

LC record available at https://lccn.loc.gov/2021024053

LC ebook record available at https://lccn.loc.gov/2021024054

Crabtree Publishing Company

www.crabtreebooks.com   1-800-387-7650

Printed in the U.S.A./072021/CG20210514

Published in the United States
Crabtree Publishing
347 Fifth Avenue, Suite 1402-145
New York, NY, 10016

Published in Canada
Crabtree Publishing
616 Welland Ave.
St. Catharines, ON, L2M 5V6